AF201957

Georg Bauer

Die Einsiedelei des Herzens

Georg Bauer

Die Einsiedelei des Herzens

Die Einsiedelei des Herzens
2024 © Georg Bauer
Umschlagbild © Georg Bauer
Alle Rechte vorbehalten
www.georgbauer.info
contact@georgbauer.info

ISBN 978-3-384-14416-4

Druck, Vertrieb & Impressumsservice
im Auftrag des Autors:
tredition GmbH
Heinz-Beusen-Stieg 5
22926 Ahrensburg

INHALT

Für Stefan,
dem ich mein Aufwachen verdanke.

VORWORT

In den langen Jahrzehnten, in denen ich unter Ängsten, Zwängen und Depressionen litt, habe ich stets von einem sicheren Ort geträumt. In meiner Jugend erdachte ich mir eine schlossartige Einsiedelei, abgeschieden irgendwo in einem unberührten Gebirgstal der Alpen. Als Vorbild für diesen Traum diente mir das allseits bekannte neubarocke Schloss Linderhof König Ludwigs II. von Bayern, dessen tragisches Schicksal mich schon von frühester Kindheit an berührt und begeistert hatte.

Ebenso wie einst der schüchtern verschlossene König, wollte ich fernab von der Welt und den Menschen leben. Dort in meinem eigenen Reich, so dachte ich, könnte ich mich endlich sicher und geborgen fühlen. Dieser Tagtraum hat mich durch meine dunkle seelische Nacht getragen. Er ist mir aber leider zum Zwang, gleichsam zu einer Art geistigem Gefängnis geworden, aus dem ich keinen Ausgang mehr fand.

Im Sommer 2011 wurde ich durch einen tiefen emotionalen Schock aus meinen erdrückenden Träumereien herausgerissen. Im Zuge dieses

Wachwerdens ist es mir gelungen, meine Angststörung zu überwinden, weshalb ich jetzt keine Depressionen mehr habe. Vollkommen gesund bin ich zwar nicht geworden. Allerdings: Seit ich mich ab dem Frühjahr 2014 im Meditieren und in der Achtsamkeitspraxis übe, habe ich meine psychischen Probleme weitgehend in den Griff bekommen. Und so habe ich am Ende meine Eremitage tatsächlich gefunden: nicht in einem abgelegenen Gebirgstal, sondern in der inneren Ruhekammer meines Herzens.

Georg Bauer

EINLEITUNG

Wir Menschen sind soziale Wesen. Es gehört zu unserer Natur, miteinander zusammenzuleben. In unseren Anfängen haben wir als Jäger und Sammler die Wälder und Steppen durchstreift. Damals hätte niemand für sich allein bestehen können. Nur der Zusammenhalt in der Horde sicherte das Überleben. Heute, in unserer modernen Welt, wohnen wir zwar nicht mehr in Großgruppen zusammen, aber dennoch bleiben wir eingebunden in Partnerschaften, Familien und Freundschaften. Wir üben spezialisierte Berufe aus, ohne die unsere vielschichtige Gesellschaft undenkbar wäre. Wir waren und sind also schon immer aufeinander angewiesen.

Auf den ersten Blick scheint der Einsiedler dazu in einem krassen Gegensatz zu stehen. Es widerspricht unserem Bedürfnis nach Gemeinschaft, wenn sich einer absondert. Warum macht das jemand? Welchem Zweck dient das? Was treibt denjenigen an? Ist dieser Mensch unfähig, mit anderen auszukommen? Handelt es sich um einen weltfremden Spinner oder um einen streitsüchtigen Eigenbrötler?

Tatsächlich sind unsere zwischenmenschlichen Beziehungen seit jeher von Streit geprägt. Es ist eine romantische Vorstellung zu glauben, dies sei zu irgendeinem Zeitpunkt einmal anders gewesen. Es gab keinen Urzustand, in dem wir friedlich miteinander ausgekommen wären.

Ganz im Gegenteil: Die Unzufriedenheit und die Streitsucht scheinen geradezu feste Bestandteile unserer Natur zu sein. Es liegt somit nahe, in einem Klausner so jemanden zu sehen, dem es schwerfällt, sich einzufügen. Oder ist es unter Umständen andersherum? Sucht er etwa ausgerechnet im Alleinsein den Frieden, der innerhalb der Gemeinschaft nicht zu finden ist?

Erstes Kapitel

DER EINSIEDLER

Jeder Mensch ist auf der Suche nach dem Glück. Dabei richten wir unseren Blick oft nach außen. Wir suchen in der Umwelt das, was uns glücklich machen soll. Die einen wünschen sich Reichtum. Andere streben nach Anerkennung oder Macht. Manche wollen berühmt sein. Weit verbreitet ist es heute, den Körper zu vervollkommnen. Viele träumen von einem idealen Lebenspartner. Fast ein jeder von uns strebt nach Genuss. Wir wollen uns so ausgiebig wie möglich angenehmen Beschäftigungen hingeben. Umgekehrt fangen wir zu leiden an, sobald wir uns den lästigen Pflichten des Alltags widmen müssen.

Es ist unsere innere Unzufriedenheit, die uns antreibt. Weil wir uns unglücklich fühlen, suchen wir das Glück in irdischen Dingen. Gleichzeitig übersehen wir, dass wir eigentlich nur versuchen, vor uns selbst davonzulaufen. Ja, wir verlieren uns an die Welt. Im Rahmen unserer Möglichkeiten kosten wir alle erdenklichen Genüsse aus, bloß, um am Ende festzustellen, dass wir immer noch unzufrieden sind. Innere Ruhe finden wir auf diesem Weg nicht.

Schließlich fangen wir gegebenenfalls an, mit allem und jedem zu hadern. Weil das Leben ungerecht sei und die anderen sich falsch verhalten würden, müssten wir unzufrieden sein. Weil wir nicht reich oder schön genug seien, wären wir unglücklich. Wir leiden und werden missmutig. Erfüllt von Neid und Gier blicken wir auf den Besitz unserer Zeitgenossen. Wir wechseln ständig unsere Partner und finden dennoch keine ideale Beziehung.

Die wenigsten von uns beginnen irgendwann damit, statt unsere Mitmenschen und die äußeren Umstände in Zweifel zu ziehen, das eigene Verhalten zu überdenken. Stattdessen halten wir an unseren eingefahrenen Gewohnheiten und unserer ichbezogenen Weltsicht fest. Wir machen weiter wie bisher, schlicht und einfach deshalb, weil uns die tatsächlichen Zusammenhänge unseres gefühlten Leids unerklärlich sind. Ein selbstkritisches Umdenken findet nicht statt.

Manche wenden sich schließlich enttäuscht und verbittert von ihrer Außenwelt ab. Offenbar scheitern sie daran, mit anderen auszukommen.

Weil sie sich nicht einfügen können oder wollen, schaffen sie sich ein kleines persönliches Reich, in dem sie nur ihre Regeln gelten lassen. Notgedrungen werden sie zum Eigenbrötler, ja zum Menschenfeind.

Wer allem entfliehen will, um für sich allein seinem Eigensinn frönen zu können, der taugt nicht zum spirituellen Einsiedlertum. Niemand ist dafür geschaffen, beziehungslos durchs Leben zu gehen. Letztlich sehnt sich auch der Sonderling nach Gemeinschaft. Da er jedoch zutiefst in seinen Süchten und Zwängen gefangen ist und keinen Ausweg weiß, zieht er sich in ein Schneckenhaus zurück. Blind und taub wird sein Geist von der Ichsucht beherrscht. Seinen Mitmenschen begegnet er feindselig. Er schottet sich ab, weil er der Welt und ihrer Bewohner überdrüssig ist. Am Ende wird er als unglücklicher Außenseiter einsam sterben.

Dem Klausner geht es keineswegs darum, sich abzugrenzen und zu verschließen. Er wählt einen anderen Weg. Er flieht nicht ins Alleinsein, weil er mit niemandem auskommt. Das genaue

Gegenteil ist richtig. Als spiritueller Mensch will er ein echter Freund seiner Nächsten sein. Zwar zieht er sich gleich dem Eigenbrötler absichtlich zurück. Seine Einsamkeit ist ihm allerdings kein Selbstzweck, sondern ein heilsames Hilfsmittel.

Ebenso wie jedermann will der Eremit glücklich sein. Nur sucht er sein Heil nicht in äußeren Dingen. Vielmehr geht er an einen abgelegenen Ort, um dort zur Ruhe zu kommen. Er will Zeit finden, um nach innen schauen zu können. Statt auf das Materielle richtet er seinen Blick auf das Spirituelle. Er sucht die eigentliche Wahrheit im Leben. Und als gläubiger Mensch wendet er sich Gott und dem Jenseits zu. Vor allem aber hinterfragt er sich und sein Tun. Er strebt danach, sich selbst zu überwinden, um innerlich frei werden zu können.

Zweites Kapitel

DIE SEHNSUCHT

In der hektischen Betriebsamkeit unserer Welt sehnen sich viele von uns nach einer Zuflucht, in der wir inneren Frieden erfahren können. Dabei träumen wir nicht nur von einem derartigen Ort, sondern wir flüchten uns immer wieder zu realen Ruheplätzen hin. Eine Eremitage, in der wir mal die Seele baumeln lassen können, muss kein abgelegenes Blockhaus oder gar eine unberührte Insel sein. Es kann sich um einen kleinen Garten oder einen Balkon mitten in der Stadt handeln. Auch in eine Gebets- oder Kuschelecke kann man sich zurückziehen. Das Urlaubsziel erfüllt denselben Zweck.

Wir brauchen solche Plätze. Für gewöhnlich handelt es sich hierbei allerdings um keine dauerhaften Wohnorte. Der Traum von der Südseeinsel ist eine romantische Vorstellung, die den meisten schnell zum Alptraum würde. Wer von uns möchte schon fernab der Zivilisation für sich allein leben. Zumindest auf unsere Familie und unsere Freunde würden wir ungern verzichten wollen. So sind viele Einsiedeleien Stätten, an die wir uns für ein paar erholsame Augenblicke hinbegeben, um Kraft zu tanken, bevor wir uns erneut in die Arbeit stürzen.

Vielleicht würden wir manchmal am liebsten in ein schönes Urlaubsland auswandern wollen, um von Grund auf neu zu beginnen, aber kaum jemand setzt diesen Traum in die Tat um. Und sogar, wenn einer seine Heimat verlässt, um in der Fremde sein Glück zu suchen, dann stellt sich dort bald wieder der graue und triste Alltag ein. So sehr wir uns mitunter wünschen mögen, all unsere Probleme hinter uns lassen und Freiheit erfahren zu können, vor sich selbst vermag keiner wegzulaufen.

Hier klingt schon etwas Wesentliches an. In einer Klause darf ich unbelastet sein. Bei meinem Rückzug will ich all jene ausschließen, die mir scheinbar schaden wollen und mir mein Dasein gefühlt zur Hölle machen. Ich möchte in erster Linie nur diejenigen Menschen mitnehmen, die mir lieb und teuer sind. Und ich will an diesem Ort so weit als möglich unbeschwert von den lästigen Sorgen und Mühen ums tägliche Brot leben können.

Seit wir angefangen haben, uns Siedlungen zu bauen, ersehnen und erschaffen wir uns allerlei Zufluchtsstätten. In unserer Genetik steckt die Erfahrung von vielen hunderttausend Jahren, in denen wir als Jäger und Sammler naturverbunden herumgestreift sind. Ein paar tausend Jahre Zivilisation haben daran im Großen und Ganzen nichts geändert. Innerlich wünschen wir uns noch heute, im Einklang mit der Natur zu leben.

Letztlich steckt hinter diesen Gedanken die Sehnsucht nach dem verlorenen Paradies. Nicht umsonst entstanden die alten Mythen vom Garten Eden (Gen 2,8-17), als wir sesshaft geworden waren. Dabei ist der biblische Paradiesgarten mehr als einfach ein abgeschiedener Sehnsuchtsort. Im Schöpfungsbericht geht es zwar vordergründig um die Erschaffung der Erde und aller Geschöpfe durch Gott. Eigentlich wird dort aber in einer Art Gleichnis von der Beziehung Gottes zu den Menschen erzählt.

Als Adam und Eva im Garten Eden lebten, war das Verhältnis zwischen ihnen und Gott heil und ungestört. Dann jedoch haben die beiden das göttliche Gesetz übertreten, indem sie von den verbotenen Früchten des Baumes der Erkenntnis von Gut und Böse aßen. Durch dieses Fehlverhalten wurde ihre Beziehung zu Gott beschädigt (Gen 3,23f.).

Im übertragenen Sinn bedeutet dies Folgendes: Sobald ich sündige, verliere ich meine innere Verbindung zu Gott. Sünde wiederum ist jede Handlung, die mich von meinem Herzen trennt. Solange ich in rechter Weise auf meine Gefühle achte, kann ich nicht falsch handeln. Innerlich bin ich mit dem Heiligen Geist verbunden. Leider nur haben sehr viele Menschen nie gelernt, auf ihr Herz zu hören, weshalb sie geistig von Gott getrennt sind.

Eben, weil sie mit Gott uneins geworden sind, können Adam und Eva nicht länger im Paradies bleiben. Sie werden hinaus in die Welt geschickt, die ihnen feindlich gesinnt ist. Jenseits von Eden müssen sie ihren Lebensunterhalt mühsam verdienen und ein hartes Dasein fristen (Gen 3,17-19). Außerhalb des Paradieses ist demnach unsere Beziehung zur Umwelt gestört. Der Alltag scheint ein Kampf zu sein, und weil uns die Habgier beherrscht, begehen wir Raubbau an der Natur, statt diese zu hegen und zu pflegen, wie es unsere eigentliche, von Gott gewollte Bestimmung wäre (Gen 1,28; 2,15).

Aber nicht allein das. Die zwischenmenschlichen Beziehungen sind gleichermaßen belastet. Auch davon weiß die Bibel. So geschieht bald nach der Vertreibung aus dem Paradies der erste Mord. Aus Neid tötet Kain seinen Bruder Abel (Gen 4,1-16). An dieser Stelle des Schöpfungsberichts schwingt noch ein weiterer Gedanke mit. Der Sünder ist offensichtlich seiner Selbstsucht hilflos ausgeliefert, die ihn sogar zum Brudermord verleitet. Der einzelne Mensch ist also nicht einmal mit sich selbst im Reinen.

Das Christentum hat diese Problematik der gestörten menschlichen Beziehungen als einzige der drei monotheistischen Weltreligionen vollkommen zu Recht in seine Glaubenslehre mit hineingenommen und spricht hier von der Erbsünde. Weil Adam und Eva gesündigt hätten, wären alle nachfolgenden Generationen ebenso mit Sünde belastet. Gleichwohl wurde und wird dieser Begriff von der ererbten Schuld häufig falsch verstanden.

Natürlich kann man die Kritik erheben, ein neugeborenes Kind könne doch nicht schon von Geburt an schuldig sein. Genauso falsch ist es hier, wie oft geschehen, die Sexualität mit ins Spiel zu bringen. Weil wir schuldbeladen sind, sei eben auch der Geschlechtsverkehr eine anstößige Handlung und so wäre jedes Kind in Sünde gezeugt. Freilich sind all das völlig verquere Vorstellungen, was trotzdem keineswegs bedeutet, dass es die Last der weitervererbten Schuld nicht geben würde.

Um dem Geheimnis von der Erbsünde auf die Spur zu kommen, müssen wir diese mit den Augen der Psychologie betrachten. Kein Mensch wird sündhaft geboren. Niemand kommt hartherzig und habgierig zur Welt. Allein unsere psychische Verfassung ist bei unserer Geburt noch nicht vollständig ausgebildet. Gleich dem Leibe entwickelt sich die Psyche erst im Lauf des Lebens.

Als Heranwachsende werden wir regelmäßig durch unsere Mitmenschen in unserem Gefühlsempfinden verletzt. Je nachdem, wie wir damit umgehen, bilden wir mehr oder weniger unheilvolle Denk- und Verhaltensmuster aus. Daher sind viele körperlich Erwachsene, gemessen an ihrem Benehmen, nichts anderes als groß gewordene Kinder.

Weil wir nun mal unvollkommen sind, verhalten wir uns eigennützig und eigensinnig. Meist ohne unsere Fehler zu erkennen, verletzen wir sogar diejenigen, die wir lieben, einschließlich unserer Kinder. So wird diese als Erbsünde bezeichnete spirituelle Unreife des Menschen weitgehend unabsichtlich von der einen Generation auf die nächste übertragen. Die eigene Psyche ist somit im Wesentlichen eine Art verzerrtes Spiegelbild der psychischen Unzulänglichkeiten unserer Eltern.

Unser falsches, sprich ichbezogenes Denken, Reden und Tun belastet all unsere Beziehungen. Dabei trägt jeder von uns ein klein wenig Streit auf die Erde. Für alle sichtbar wird die Summe dieses zwischenmenschlichen Unfriedens in der Form von Ausbeutung, Armut, Hunger, Gewalt, Missbrauch, Drogensucht, Umweltverschmutzung und Kriegen. Letztlich sind diese Plagen der Menschheit nämlich schlicht die äußeren Zeichen für den Unmut, den jeder Einzelne von uns im Herzen trägt.

Wenn wir vom verlorenen Paradies träumen, dann geht es hierbei keineswegs um eine reale Zuflucht, in die wir uns vor der Welt und unseren Zeitgenossen retten könnten. Einen solchen Ort kann es auf Erden niemals geben. Vielmehr sehnen wir uns danach, dass unsere Beziehungen heil werden. Wir wollen glücklich und friedvoll mit unseren Nächsten auskommen. Und wir wollen im Einklang mit allen Geschöpfen und der Natur als Ganzes leben. Der Gläubige möchte sich außerdem mit Gott versöhnen. Vor allem aber geht es um das Verhältnis jedes Einzelnen zu sich selbst, sprich um eine starke Verbindung zwischen Geist und Herz, denn das ist die feste Grundlage, damit alle anderen Beziehungen heil werden können.

Drittes Kapitel

DIE EINSIEDELEI

Das Leben des Einsiedlers ist eine Antwort auf die tiefe Sehnsucht nach dem verloren gegangenen Paradies. Die Klause ist gleichsam ein diesseitiger Spiegel für das jenseitige Eden. Ähnlich dem Paradiesgarten, in dem alle Tiere dem Menschen freundlich gesinnt waren, ist die Eremitage ein abgeschiedener Ort der Ruhe, an dem ich Frieden erfahren kann und meine Beziehungen heil werden.

Als Klausner ziehe ich mich von allen zurück, mit dem Wunsch, meine psychischen Unzulänglichkeiten zu überwinden und mich schon heute ein wenig von der Erbsünde zu befreien. So weit als dies auf Erden möglich ist, will ich alle weltlichen Träumereien aufgeben, um stattdessen gute Werke zu tun. Ich möchte mich dem Bild annähern, das Gott sich damals von mir gemacht hat, als er mich durch seine geistige Kraft ins Dasein gerufen hat.

Freilich bin ich mir über Folgendes im Klaren: Egal wie lange ich auf meinem Weg voranschreite, durch und durch gut kann ich zu Lebzeiten nicht werden. Es geht mir wie einst Mose, der das gelobte Land finden und sehen, aber nicht betreten durfte (Dtn 1,34–37). Die Eremitage ist eben noch nicht der Garten Eden. Dieser ist und bleibt mir zu Lebzeiten verschlossen. Endgültig betrete ich das Paradies erst an dem Tag, an dem ich sterbe.

Jedoch möchte ich mich bereits im Hier und Jetzt mit Gott, meinen Nächsten und der Natur versöhnen. Dies kann mir allerdings nur gelingen, wenn ich mit mir selbst ins Reine komme. Dadurch, dass ich mich von den engen Fesseln des eigensinnigen Denkens befreie, wird meine Psyche reifer. Außerdem geht es darum, die klaffenden Wunden an meinem Herzen, die mir über die Jahre hinweg zugefügt wurden, ein klein wenig zu schließen.

Freilich lässt sich Heilung nicht erzwingen. Dort, wo diese an mir geschieht, ist sie ein kostbares Geschenk Gottes. Als gläubiger Mensch bin ich mir dieser spirituellen Wahrheit stets bewusst. Ich weiß, wie wenig ich von mir aus zu bewirken vermag. Allzeit fühle ich mich geborgen, getragen und geführt von der Hand Gottes.

Immer ist es der Heilige Geist, der an mir und durch mich hindurch wirkt. Es ist seine Kraft, die mich verwandelt.

So ist mein Weg des Heilwerdens gleichzeitig eine lebenslange Suche nach Gott. Als Einsiedler bin ich ein Gottesfreund. Mein brennendes Verlangen nach ihm wird jedoch erst im Himmel Erfüllung finden. Trotzdem wäre es falsch, meinen Tod herbeizusehnen oder diesen gar gezielt zu beschleunigen, wie es manche Asketen durch extreme Praktiken getan haben. Stattdessen ist es wichtig und richtig, Sorge dafür zu tragen, meinen Leib gesund zu erhalten, damit ich hier auf Erden möglichst lange meinen Dienst im Namen Gottes verrichten kann.

Um heil werden zu können, schaue ich nach innen. Ich möchte meinen wahren Willen finden, indem ich lerne, mich vom ichbehafteten Denken zu befreien. Ich bemühe mich darum, eine gesunde Beziehung zu mir selbst, zu meinen Mitmenschen und zu Gott zu entwickeln. Mit der Zeit befreie ich mich von allen irdischen Fesseln. Diese geistige Freiheit geht einher mit dem Bewusstsein, für meine Nächsten, die Natur und alle Lebewesen mitverantwortlich zu sein. Ich entwickle Herzensgüte. Der Friede, den ich tief in meinem Innersten gefunden habe, strahlt heilsam auf alle aus.

Dieser Weg des Heilwerdens braucht Zeit und Ruhe. Folglich liegt eine Einsiedelei schon dem Namen nach etwas abseits der nächsten Ansiedlung. Es ist ein einsamer Ort, fernab vom hektischen Getriebe der Welt und dem lauten Lärmen der Leute. Wenige Fremde verirren sich hierher, sodass ich weitgehend ungestört meine Übungen praktizieren kann.

Dabei ist meine Spiritualität nicht theoretisch-philosophisch. Ich führe kein vergeistigtes Leben. Mein Geist schwebt nicht über den Dingen. Nie bin ich abgehoben. Ganz im Gegenteil: Ich möchte mich so weit als möglich mit der Natur verbunden fühlen. Meine Praxis ist bodenständig. In allem bleibe ich geerdet. Der Alltag prägt mein Dasein. In der Tat ist es einzig die einfache Lebensweise, durch die ich mir meinen Wohnort in eine Klause verwandle.

Es genügt nämlich keineswegs, mich an eine abgelegene Stätte zu begeben. Vielmehr mache ich mir meinen Rückzugsort erst dann zu eigen, wenn ich bestimmte Praktiken vollziehe. Sollte ich versuchen, ohne derartige Übungen mit mir allein auskommen zu wollen, so werde ich kaum zu tieferen Einsichten gelangen. Das Einsiedlerleben wird mir schnell fade. Erst meine praktisch gelebte Spiritualität macht aus mir einen wahrhaftigen Eremiten.

Viertes Kapitel
DER WEG

Sobald ich mich dafür entscheide, ein Einsiedler werden zu wollen, mache ich mich auf, das verlorene Paradies wiederzufinden. Wir Menschen wissen jedoch nicht mehr, wo der Garten Eden einst lag, weshalb der Weg dorthin ebenfalls in Vergessenheit geraten ist. Einzig die Mystiker kennen heute noch diesen geheimen Pfad und können davon erzählen.

Zu jeder Reise gehört ein Aufbruch. Ich mache mich daran, alte Lebensmuster zu durchbrechen. Ich verlasse die eingefahrenen Spuren, um mich auf neue Straßen zu begeben. Spirituell zu sein bedeutet nämlich stets, von schlechten Gewohnheiten und schädlichen Verhaltensweisen Abstand zu nehmen.

Eine solche Kehrtwende benötigt einen Anlass. Ich brauche einen Grund, um aus meinem Alltag ausbrechen zu wollen. Sehr wahrscheinlich entscheide ich mich nicht einmal freiwillig dazu. Oft ist es erst eine Krise, die mich unvermittelt trifft und mich auf diese Weise ungewollt dazu zwingt, all meine bisherigen Erfahrungen, plötzlich radikal in Frage zu stellen.

Als gläubiger Mensch weiß ich mich dabei von Gott geführt. Er ist es, der meine festgefahrenen Verhaltensmuster aufbrechen will. Er möchte mich frei und lebendig machen. Solange mich die Ichsucht lähmt, bin ich wie tot. Erst wenn ich mein selbstbezogenes Denken überwinde, finde ich das wahre Leben, das mir bislang verborgen war. Ich nehme mein Schicksal tatkräftig in die Hand. Weil Gott etwas mit mir vorhat. Schon von dem ersten Augenblick an, als ich von ihm ins Dasein gerufen wurde, hatte er einen Plan für mich.

Als Eremit möchte ich diesen Auftrag Gottes erkennen und in die Tat umsetzen. Deshalb ist es unbedingt notwendig, mich von meinem ich-behafteten Denken zu befreien. Solange mich mein Eigensinn beherrscht, bleibe ich blind und taub. Ich erkenne meine Berufung nicht. Lerne ich aber, auf mein Herz zu hören, so gehen mir die Augen und Ohren auf. Ich finde mein wahres Selbst und meine verborgene Lebensaufgabe, die mir dann nach und nach zum eigentlichen Willen wird.

Ebenso wie alle heilsamen Pfade ist der spirituelle Weg zunächst recht beschwerlich. Nicht ohne Grund liegen viele Einsiedeleien auf Bergen. Nur ein schmaler, steiniger Steig führt dort hinauf. Beim Aufstieg gehe ich gemächlich und mache regelmäßig Pausen, um mich zu erholen und neue Kraft zu schöpfen. Ich muss Geduld mit mir selbst haben und mir meine menschliche Begrenztheit eingestehen.

Wenngleich ich dauerhaft abgeschieden leben möchte, so werde ich zu Beginn meinen Rückzugsort oft verlassen, um mich zu einem nahegelegenen Dorf zu begeben. Noch suche ich Gesellschaft. Das Alleinsein ist für mich ungewohnt. Auch geht es darum, mich mit all den unbedingt notwendigen Dingen zu versorgen, die ich zum Überleben benötige. Es ist mühsam, und trotzdem unverzichtbar, diese Lasten den steilen Steig hinaufzutragen. Ich werde also den Pfad zu meiner Klause anfangs häufiger gehen. Mit der Zeit werden meine Besuche bei den Dörflern seltener. Ich ziehe mich immer mehr zurück.

Je öfter ich den anstrengenden Weg hinauf- und hinabsteige, umso vertrauter wird er mir und desto leichter gehe ich ihn. Dennoch sind nicht alle Tage gleich. Einmal bin ich unbeschwert, ein andermal ist mir alles zu mühsam. Jeden Morgen breche ich wieder auf. Ich muss mich tagtäglich aufs Neue für mein Dasein als Einsiedler entscheiden und mich, egal wie schwer es mir mitunter fallen mag, meinen spirituellen Übungen widmen.

Einsiedeleien sind abgelegen. Der Weg dorthin ist lang. Beim Gehen mache ich Fortschritte und Rückschritte. Manchmal werde ich womöglich sogar Umwege beschreiten. Dies gilt für den Anfänger genauso wie für den Meister. Durch immer neue Erfahrungen wird mir mein Alltag als Eremit aber zur Gewohnheit. Ich traue mir mehr und mehr zu. Ich gewinne Selbstsicherheit und Zuversicht.

Statt auf Bergen wurden manche Klausen am Boden abgelegener Täler errichtet. Im übertragenen Sinn bedeutet dies, dass ich hinabsteige in die Tiefen meiner Psyche. Durch die spirituellen

Übungen kommt alles Vergessene aus meinem Seelengrund hoch. Ich werde mir der zahlreichen Verletzungen wieder bewusst, die ich im Laufe vieler Jahre erlitten und verdrängt habe. Dadurch, dass ich diese Wunden meines Lebens Gott hinhalte, kann er mich Schritt für Schritt wieder gesund machen.

Auf der Suche nach Heilung sind die ersten christlichen Mönche in die Wüste ausgezogen. Diese ist ein lebensfeindlicher Ort. Um hier zu bestehen, ist es wichtig, mich in allem auf das Wesentliche zu beschränken. Die völlige Leere der Wüste gleicht einer weißen Wand. Es gibt dort keine Ablenkung. Hier vermag ich nicht mehr, vor mir selbst davonzulaufen. Ich bin auf mich zurückgeworfen und muss mich all meinen Ängsten, Zwängen und Süchten stellen, um diese im meditativen Gebet zu überwinden. Am Ende kommt mein Gedankenwirrwarr zur Ruhe. Meine verwüstete Psyche verwandelt sich in eine fruchtbare Oase. Mein Geist wird mir zu einer lebensspendenden Quelle, die reichlich überfließt und niemals versiegt.

Manche Eremiten haben sich in dichte Wälder zurückgezogen. Mit einer Axt haben sie sich eine Lichtung geschlagen und unter freiem Himmel aus Baumstämmen eine einfache Hütte zusammengezimmert. Ähnlich geht es mir mit meiner gelebten Spiritualität. Mittels meiner Praktiken lichte ich das Geflecht meines verwirrten Denkens. Ich befreie meinen Geist und verschaffe mir Luft zum Atmen.

Andere Klausner haben sich ihren Schlafplatz in einer Grotte eingerichtet. Gewohnt und meditiert haben sie tagsüber am Höhleneingang, dort wo wärmendes Licht das kalte Dunkel erhellt. Indem ich faste und meditiere, überwinde ich allmählich die Schatten meiner Psyche. Ich trete ins helle Licht und lasse mich verwandeln, um ein besserer Mensch zu werden. Es mag sein, dass ich meine Schattenseiten niemals ganz loswerde, ähnlich dem Einsiedler, der seine Wohnhöhle ja nicht verlässt, sondern jede Nacht hineingeht, um dort auszuruhen. Da ich aber spirituell lebe, lasse ich mich seltener von meinen menschlichen Schwächen bestimmen.

Eben weil die Lage des Paradieses unbekannt und der Weg dorthin vergessen worden ist, sind Einsiedeleien einsame Orte, an denen das Lärmen der Welt nicht zu hören ist. Als Eremit gehe ich in diese Stille hinein. Je weiter ich mich von den Siedlungen entferne, umso ruhiger wird es um mich herum. Ich vernehme von Neuem die Geräusche der Natur, die hier, wie einst im Garten Eden, noch weitgehend in Takt ist.

Langsam verstummt das Geschwätz meiner unruhigen Gedanken. Der Bach schlängelt sich munter gluckernd und plätschernd in seinem gewundenen Bett dahin. Aus dem dunkelgrün belaubten Waldschatten blicken scheu die Rehe hervor. Über dem von der Sonne beschienenen Wiesengrund erklingt das beständige Zirpen der Grillen. Die Bienen summen und die Hummeln brummen, während sie fleißig von einer Blüte zur nächsten fliegen, um köstlichen Nektar zu sammeln. In den Bäumen zwitschern fröhlich die Vögel, während sie aufgeregt von Ast zu Ast flattern. Durch das Blätterdach der hohen Wipfel rauscht der Wind.

Fünftes Kapitel

DER ALLTAG

Mein Dasein als Klausner ist vom Alltag und der Praxis der Achtsamkeit bestimmt. Als wichtigste Grundregel gilt: Ich muss mich in allem auf das Wesentliche beschränken. Mein Leben vereinfache ich auf das Nötigste. Alles Überflüssige wird gestrichen. Für gewöhnlich widme ich mich dem Gebet, der Arbeit und der Erholung. Nicht mehr und nicht weniger.

Hinzu kommt ein Zweites: Um heilsam leben zu können, sind klare Regeln erforderlich. Als Eremit sollte ich es den Mönchen gleichtun und meine Tagesabläufe anhand von Stundenplänen gestalten. Wie in einem Kloster stehen zuvorderst die Gebete. Ich nehme mir Zeit für Gott und für meine Seele. Danach folgen die unterschiedlichen Arbeiten. Ich versorge mich mit allem Lebensnotwendigen. Ich brauche zu essen und zu trinken. Meinen Wohnort halte ich sauber und ordentlich. Ich wasche mich ebenso wie meine Kleidung. Ordnung und Sauberkeit sind keineswegs nebensächlich, sondern unbedingt zu beachtende Leitlinien, die ein spirituelles Leben kennzeichnen.

Sobald ich mich daran mache, meine Tage anhand bestimmter Maßstäbe zu gestalten, ist all mein Tun und Lassen wohlgeordnet. Obgleich dies auf den ersten Blick unter Umständen merkwürdig erscheinen mag, so liegt darin dennoch keine Einschränkung. Vielmehr tut mir der äußere Handlungsrahmen gut. Weder dümple ich ziellos dahin, noch vergeude ich unnütz wertvolle Zeit.

Tatsächlich krankt der Alltag vieler Menschen daran, dass sie nicht streng genug mit sich selbst sind. Ohne eine straffe Richtschnur gerät alles aus den Fugen. Die Tagesabläufe verlieren ihre Form. Einerseits gebe ich zu sehr meinen Launen nach. Andererseits erfülle ich meine Pflichten nur widerwillig. Das ichbezogene Denken beherrscht mich. Der Geist gerät in allerlei Abhängigkeiten.

Dagegen verschaffen mir strikte Zeitpläne Spielräume. Durch Klarheit setze ich meinem Eigensinn Grenzen, innerhalb derer ich mich frei fühlen darf. Dabei besteht meine Freiheit insbesondere darin, dass ich selbst Herr über meine Gewohnheiten bin. Dies ist vor allem für jene Menschen von Bedeutung, die nicht für sich allein als Eremit leben können, sondern in Arbeit und Familie eingebunden sind.

Sicherlich muss ich mich in meinem Beruf an Regeln halten, die mir wahrscheinlich von außen auferlegt werden und an denen ich vielleicht wenig zu ändern vermag. Die Arbeitszeiten und die Aufgaben werden mir vorgegeben. Es gibt jedoch auch solche Tätigkeitsfelder, bei denen ich mir meine Arbeit selbst einteile. Gerade in diesem Fall ist es umso mehr geboten, dass ich mir für mein berufliches Handeln einen deutlich umrissenen Ordnungsrahmen schaffe.

Überdies gibt es für mich tagtäglich viele weitere Verpflichtungen. Ich muss mich um meinen Haushalt kümmern. In der Partnerschaft und der Familie habe ich unterschiedlichste Rollen zu erfüllen. Durch Unordnung kann es leicht geschehen, dass mein Alltag scheinbar nur noch aus Pflichten besteht. Schnell fühle ich mich wie in einem Hamsterrad gefangen. Ich verliere jegliche Kontrolle.

Umgekehrt helfen mir feste Gewohnheiten, mein Leben wieder in den Griff zu bekommen und mich aus dem engmaschigen Käfig meiner Verpflichtungen zu befreien. Vor allem gönne ich mir regelmäßig Augenblicke der Erholung. Diese Auszeiten darf ich mir bewusst schaffen und nach meinen Vorlieben gestalten. Eben weil ich meine Tage in rechter Weise nutze und immer pünktlich meine Pflicht erfülle, genieße ich die Freiräume, ohne dass ich deswegen ein schlechtes Gewissen haben müsste.

Es gibt noch einen dritten Grundsatz für mein Eremitenleben. Dieser besteht darin, dass ich bei all meinem Tun Ruhe walten lasse. Meine Klause ist zuvorderst ein Ort der inneren Einkehr. Folglich vermeide ich in meinem Alltag jeden Lärm. Meine Arbeiten erledige ich in Stille. Die meisten meiner Gebete spreche ich in meinen Gedanken. Ganz besonders aber genieße ich die friedvolle Stimmung in jenen Zeiten, die der Erholung dienen. Das beständige Stillschweigen ist entscheidend, weil es mir den Weg nach innen öffnet und mich zu mir selbst und zu Gott führt.

Sechstes Kapitel
DAS GEBET

Als gläubiger Mensch suche ich zuallererst die Begegnung mit Gott. Ich möchte mich mit dem Heiligen Geist verbunden fühlen und mich zur Gänze seiner Fügung anvertrauen. Diese religiöse Beziehung pflege ich durch das Gebet, das mich nach innen führt. Denn obgleich die Natur das Lied von der Kraft Gottes singt, finde ich ihn selbst nicht in äußeren Dingen. Seine heilsamen Worte erklingen allein in der inneren Ruhekammer meines Herzens.

Nun gibt es zwei Arten des Gebets: das meditative Gebet und die gewöhnlichen Alltagsgebete, wobei das erste wichtiger ist. Meditierendes Beten hilft mir dabei, ruhig zu werden, damit ich jenseits meiner Gedanken die Stimme Gottes vernehmen kann. Erfahrungsgemäß lässt sich Stille nämlich nur ertragen, wenn ich mich im Meditieren übe, das wiederum vor allem auf dem achtsamen Atmen beruht.

Meditatives Atmen ist sehr einfach. Statt unbewusst atme ich willentlich ein und aus. Nicht mehr und nicht weniger. So banal dies scheinen mag, so wesentlich ist es, diese Form des Atmens andauernd zu praktizieren, um spirituell leben zu können. Deshalb übe ich mich in dieser Praxis vom Erwachen am Morgen bis zum Einschlafen am Abend. Durch beständiges achtsames Atmen wird mir all mein Tun zu einer einzigen, fortwährenden Meditation.

Die meisten Menschen lernen es nie, auf ihren Atem zu achten. Eben weil das Atmen eine vollkommen natürliche Funktion ist, glauben sie, es wäre überflüssig, ihre Aufmerksamkeit auf etwas so Banales wie die Atmung zu lenken. Stattdessen richten sie ihre Gedanken lieber auf ihre zahllosen Lebenspläne. Von morgens bis abends kreist ihr Denken, Tun und Lassen ruhelos um allerlei selbstbezogene Geschäfte. Auf das Ein- und Ausatmen verschwenden sie hingegen keinen Gedanken.

Als jemand, der sich in Achtsamkeit übt, gehe ich hier einen besseren Weg. Indem ich fortwährend willentlich ein- und ausatme, verschaffe ich mir dauerhaft innere Ruhe und befreie mich aus der Macht der eigensinnigen Gedanken. Würde ich es versäumen, auf meine Atmung zu achten, wäre ich dem unruhigen Auf und Ab des Lebens hilflos ausgeliefert. Im Unterschied dazu erfahre ich durch bewusstes Atmen innere Gelassenheit und geistige Freiheit. Diese Praktik ist zu allen Zeiten mein sicherer Anker im wechselvollen Wellenspiel des Weltenmeeres.

Für den gläubigen Menschen hat dieses achtsame Atmen eine tiefe religiöse Bedeutung. Seit jeher beseelt der göttliche Geist durch seinen Atem alle Pflanzen und Geschöpfe. In der Bibel wird deshalb ausdrücklich geschildert, wie Gott dem ersten Menschen den Odem eingehaucht und ihn hierdurch lebendig gemacht hat (Gen 2,7). Und so wie sich der Schöpfer von Beginn an mit seinen Lebewesen verbunden hat, trete ich durch willentliches Atmen im Hier und Jetzt mit dem Heiligen Geist in Verbindung. Meditatives Atmen ist daher nichts weniger als die grundlegendste Form des Betens.

Diese Art des Atmens hat überdies eine heilende Wirkkraft. Da Stille meine Tage prägt und ich mich im Schweigen übe, steigt alles, was ich jemals verdrängt habe, mit der Zeit aus meinem

Unterbewusstsein auf. Alle gefühlsmäßigen Verletzungen, die ich erlitten habe, werden mir allmählich wieder bewusst.

Ich muss mich also zwangsläufig den Dunkelheiten stellen, die meine Seele belasten. Das aber kann ich nur, wenn ich diese Wunden im meditativen Gebet Gott hinhalte, damit er mich heil macht. Dadurch, dass ich bewusst schweige und atme, lösen sich die gedanklichen Fesseln. Durch achtsames Atmen werde ich ein Stück weit frei und gesund. Mit anderen Worten: Indem ich mich im meditierenden Beten übe, reinige und stärke ich meine Psyche.

Kaum weniger wichtig sind die Alltagsgebete. Diese haben gleichfalls ihren Sinn und sollen nicht vernachlässigt werden. In allen Lebenslagen erinnern sie mich daran, dass mein ganzes Sein in Gott geborgen ist.

Hierzu gehören die Gebete beim Aufstehen am Morgen und beim Schlafengehen am Abend sowie die Tischgebete am Anfang und am Ende jeder Mahlzeit. Meine Arbeit beginne und beende ich mit einer Segensbitte, beziehungsweise einem Dankeswort. Beim Verlassen und Betreten meiner Wohnung spreche ich ebenfalls ein kurzes Gebet.

Welche Gebetsworte ich jeweils wähle, bleibt allein mir überlassen. Ich persönlich halte meine Alltagsgebete kurz und bemühe mich um einfache Worte und schlichte Gedanken. Im Übrigen bete ich meist schweigend, sodass Umstehende gar nichts davon wahrnehmen. Ich vermeide es, meine Religiosität zur Schau zu stellen. Ich will mich nichts und niemandem aufdrängen. Diese betonte Zurückhaltung ist bei der Achtsamkeitspraxis unbedingt geboten.

Soweit es meine Zeit erlaubt, bereichere ich mein Gebetsleben mit Elementen des Stundengebets. Ich halte Andachten ab. Freilich sollten solche frommen Übungen niemals ausarten, weil ich ansonsten meine Pflichten vernachlässigen und meine Erholung missachten würde was unklug wäre. Hier ist abermals die Haltung der Achtsamkeit gefordert, die schon ihrem Wesen gemäß stets einem Weg der ausgeglichenen Mitte verpflichtet ist.

Darüber hinaus nehme ich zumindest einmal wöchentlich an einer religiösen Versammlung teil. Christ kann ich nämlich nicht für mich allein sein. So ist es für mich selbstverständlich, den Glauben in Gemeinschaft mit anderen Christen zu feiern. In der Regel besuche ich sonntags einen Gottesdienst.

Siebtes Kapitel

DAS FASTEN

Eine weitere wichtige spirituelle Übung war und ist seit jeher das Fasten. Darunter versteht man zum einen die Beschränkung der Nahrungsaufnahme. Hinzu kommt als Zweites die Abstinenz von alkoholischen Getränken. Außerdem kann ich auch auf schädliche Gewohnheiten wie etwa das Rauchen verzichten. Umgekehrt ist es genauso eine Art der Enthaltsamkeit, wenn ich mir Zeit nehme, um mich absichtlich mehr zu bewegen, sprich Sport zu treiben. Fasten ist daher eine Praktik, die sich auf meine persönlichen Bedürfnisse abstimmen und abwechslungsreich gestalten lässt.

Regelmäßiges Fasten ist überaus nützlich. Es tut mir einerseits körperlich gut. In unserer westlichen Überflussgesellschaft neigen allzu viele Menschen dazu, mehr zu essen und zu trinken, als unbedingt notwendig ist. Infolgedessen belastet Übergewicht den Körper. Sobald ich mich beim Essen und Trinken einschränke, fühle ich mich wohler, weil es mir damit gelingt, meine Leibesfülle zu verringern, wodurch ich wieder beweglicher werde.

Fasten reinigt andererseits meine Seele. Das Übergewicht belastet mich nämlich zugleich psychisch. Die körperliche Schwere drückt auf mein Gemüt. Hinzu kommt, dass der Grund für mein oft übermäßiges Essen und Trinken häufig eine Sucht ist, in der sich eine unerfüllte Sehnsucht ausdrückt. Indem ich mich einschränke, widersetze ich mich meinem Suchtverhalten und spüre meinen wahren Bedürfnissen nach. Verzichte ich für eine Weile auf ungesunde Nahrung, so bin ich weniger träge. Meine Sinne werden geschärft. Mein Geist wird wacher. Ich kann klarer denken.

Fastenzeiten helfen mir also, mir meiner Bedürfnisse bewusst zu werden. Ich esse und trinke zwar weiterhin. Nur eben, weil ich dabei nicht gedankenlos bin, darf ich mich mehr an den Speisen freuen. Durch Mäßigung setze ich der Völlerei etwas entgegen. Ich übe mich in Selbstbeherrschung.

Fasten ist somit kein Selbstzweck. Der Sinn liegt ausdrücklich nicht darin, dass diese Praktik an sich gottgefällig wäre. Tatsächlich ist es Gott egal, was ich esse und trinke. Aber wenn ich mich in Enthaltsamkeit übe, statt zu prassen, hilft mir das, schlechte Lebensgewohnheiten abzulegen. Ich bringe ins Lot, was in Unordnung geraten ist. Und dies wiederum gefällt Gott, der ja nur mein Bestes will.

Hinzu kommt noch ein weiterer Gedanke. In einer Welt, in der viele hungern, weil sie nicht mal das tägliche Brot zur Verfügung haben, ist meine persönliche Enthaltsamkeit ein Ausdruck gelebter Nächstenliebe. Insofern ist es sicherlich ein schöner Gedanke, soweit es mir möglich ist, durch Fasten Geld zu sparen, um dieses den Armen zugutekommen zu lassen.

Während jedoch maßvolles Fasten heilsam ist, weil es den Kopf frei macht, bewirkt übersteigertes Hungern das Gegenteil. Gerade zwanghaft veranlagte Menschen laufen Gefahr, dass ihnen ihre Enthaltsamkeit zur Sucht wird. So gut allerdings eine geordnete Nahrungsaufnahme für das Fühlen und Denken sein kann, so schädlich ist es, wenn ich mich, ermutigt durch anfängliche Erfolge, in zwanghaftes Hungern hineinsteigere.

Während ich mich durch Ersteres Gott annähern kann, wird Letzteres dazu führen, dass ich meine innere Verbindung zu ihm wieder verliere. Es wundert also nicht, dass viele Asketen, die es mit dem Fasten übertrieben haben, eine Gottferne empfanden und den Eindruck hatten, bei Tag und Nacht von Teufeln geplagt zu werden. Schuld daran waren aber keine Dämonen, sondern diese unheilvolle Hungerpraktik.

Manche der christlichen Asketen haben sich in falsch verstandenem Eifer regelrecht zu Tode gehungert. Auch in anderen Religionen, wie zum Beispiel dem Buddhismus, kennt man mitunter derart körperfeindliche Praktiken. So gab es früher vor allem in Tibet und Japan den zweifelhaften Brauch der Selbstmumifizierung, bei der einzelne Mönche Erleuchtung erlangen wollten, indem sie ihren Leib nach einem bestimmten Plan über mehrere Jahre hinweg ausgezehrt haben, bis sie schließlich gestorben und zu einer Mumie geworden waren.

Ziel des Fastens ist es keinesfalls zu hungern. Der Körper soll nicht ausgezehrt werden. Ein vollständiger Verzicht auf Nahrung wäre unsinnig. Vielmehr muss ich trotz des Fastens auf eine ausgewogene Ernährung achten. Ich meide alles Ungesunde und esse bekömmliche Speisen, die mich mit den Nährstoffen versorgen, die mir meine Gesundheit erhalten.

Das Fasten ist dabei stets begrenzt. So trennt man Fasttage oder Fastenzeiten von gewöhnlichen Zeiten. Ratsam ist es zudem, verschiedene Stufen der Enthaltsamkeit zu unterscheiden, von leichtem über normalem bis hin zu strengem Fasten. Deshalb braucht diese Art des Verzichts, wie alle spirituellen Übungen, einen vernünftigen Handlungsrahmen, an den ich mich halte.

Einen ersten Hinweis darauf, wie ein solcher Plan aussehen könnte, kann die Kirche geben, die traditionell zwei Fasttage pro Woche kennt. Am Mittwoch und am Freitag verzichten Christen üblicherweise auf Fleisch und Alkohol, da Jesus der Überlieferung nach an einem Mittwoch von Judas an den Hohen Rat verraten wurde, bevor er dann am darauffolgenden Freitag am Kreuz hingerichtet wurde.

Darüber hinaus gibt es in der Kirche längere Fastenzeiten, wie die vierzigtägige Vorbereitung auf das Osterfest. Diese vorösterliche Bußzeit erinnert unter anderem an die vierzig Tage, die Jesus – nach seiner Taufe im Jordan und vor seinem öffentlichen Wirken in Galiläa – in der Wüste verbracht hat. Für römisch-katholische Christen beginnt die Fastenzeit am Aschermittwoch und endet mit Ablauf der Osternacht. Es ist interessant, dass bei uns Katholiken die Sonntage in diesen Wochen vom Fasten ausgenommen sind, um dieses ein wenig abzumildern.

Weniger bekannt ist heute, dass die etwa vier Wochen des Advents gleichfalls eine kirchliche Bußzeit sind und der inneren Vorbereitung auf das Weihnachtsfest dienen. Dieses wird dann, ebenso wie das Osterfest, mit einer sogenannten Oktav bedacht. Der Name Oktav leitet sich von dem lateinischen Wort *octavus* ‚der Achte' ab. Dies bedeutet, dass Weihnachten und Ostern jeweils als achttägige Festwoche gefeiert werden, weshalb sich in der Oktav ausdrücklich jegliche Form des Fastens verbietet.

Die Christen des Ostens kennen noch weitere Fastenzeiten. So gibt es das Apostelfasten, vom ersten Sonntag nach Pfingsten bis zum Hochfest Peter und Paul am 29. Juni. Hier ist leichte Enthaltsamkeit vorgeschrieben. Hinzu kommt eine zweiwöchige strenge Bußzeit, die auf das Fest der Entschlafung Mariens vorbereitet. Die westliche Kirche nennt dieses Festgeheimnis, das am 15. August bedacht wird, Mariä Aufnahme in den Himmel.

Orthodoxe Christen essen überdies vor dem Empfang der Heiligen Kommunion drei Tage lang kein Fleisch. Dies ist zweifellos eine andere überlegenswerte Art des Verzichts. Wichtiger als die Nahrungseinschränkung ist hingegen, dass Fasttage dem Gebet gewidmet sein sollen und man sich in dieser Zeit besonders vor sündhaftem Denken und Tun in Acht nimmt.

Außerhalb der Kirche gibt es ebenfalls gute Anregungen für einen Fastenplan. Insbesondere das sogenannte Intervallfasten ist recht bekannt. Hierbei wird entweder an zwei Tagen der Woche auf alle Nahrung außer auf Wasser verzichtet. An den übrigen Tagen wird normal gegessen. Oder man fastet täglich, indem die Nahrungsaufnahme auf acht Stunden pro Tag beschränkt wird, man also in den restlichen sechzehn Stunden keine Speisen zu sich nimmt.

Als Christ lässt sich das Intervallfasten sogar religiös begründen, wobei unter Umständen beide Arten dieser Methode miteinander verbunden werden können. So ist es zum einen angebracht, jede Woche den Mittwoch und den Freitag als Fasttage zu begehen. Zum anderen ist es sinnvoll, sich im Gedenken an die Sterbestunde des Herrn täglich ab drei Uhr nachmittags bis zum Frühstück am nächsten Morgen in Enthaltsamkeit zu üben.

Ein letzter kurzer Hinweis zu einer gelungenen Fastenpraktik betrifft jene Menschen, denen es aus gesundheitlichen Gründen unmöglich ist, zu fasten. Abgesehen von der Abstinenz vom Alkohol, sind sie von der Nahrungseinschränkung weitgehend ausgenommen. Nichtsdestoweniger sollten auch sie auf frische, nahrhafte und nachhaltige Lebensmittel achten.

Achtes Kapitel

DIE ERHOLUNG

Ganz wesentlich zu meinem Alltag gehört es, mich regelmäßig auszuruhen. Die Zeiten, die der Erholung dienen, sind nicht weniger wichtig als jene Stunden, in denen ich bete und arbeite. Nur wenn ich immer wieder neue Kraft schöpfe, bin ich in der Lage, meine zahlreichen Pflichten mit der nötigen Sorgfalt zu erledigen. Auch Jesus wusste darum, wie notwendig es ist, sich gut zu erholen. So hat er seine Jünger ausdrücklich dazu aufgefordert, nach harter Arbeit zu rasten (Mk 6,31; Lk 9,10).

Später hat sich eine verkehrte Denkweise in die christlichen Lehren eingeschlichen. Da der erdgebundene Körper mit seinen Bedürfnissen dem mit dem Himmel verbundenen Geist zugegebenermaßen nachgeordnet ist, wurde ersterer als ständige Quelle des Übels betrachtet, von dessen Begierden alle Sünden ausgingen. Daher müsse das irdische Verlangen unbarmherzig ausgemerzt werden. Infolgedessen haben sich manche Eiferer, die heute mitunter als Heilige und damit als Vorbilder im Glauben verehrt werden, auf Grund ihrer Verblendung selbst gepeinigt, in der unrichtigen Annahme, sie könnten dadurch Gott näherkommen. Eben wegen dieser irrigen Sichtweise hat sich im Laufe der Jahrhunderte im Christentum eine übertriebene Leibesfeindlichkeit breitgemacht, die keineswegs im Sinne der Lehre Jesu ist.

Ein aufrichtiger Christ macht sich ein derart verqueres Denken nicht zu eigen. Zwar stimmt es, dass mich die fleischlichen Bedürfnisse zur Sünde verleiten können. Dennoch ist es falsch, den Körper als Feind zu bekämpfen. Die Achtsamkeitspraxis, die stets einem mittleren Weg verpflichtet ist, kennt hier sanftere Vorgehensweisen, um mich von den Fesseln des irdischen Begehrens zu befreien.

Zunächst einmal ist mein Leib, ebenso wie das Leben an sich, ein göttliches Geschenk. Er dient meinem Geist als irdische Heimstatt. Ohne ihn vermag ich nicht zu sein. Damit ich möglichst lange leben und Gott dienen kann, muss ich den Körper gesund erhalten. Achte ich zu wenig auf Ernährung, Schlaf und Sport, so werde ich krank und bin unfähig, den Auftrag Gottes zu erfüllen.

Hinzu kommt ein weiterer Gedanke. Gott hat uns Menschen einen Körper gegeben, damit wir uns mit unseren fünf Sinnen an seiner wunderbaren Schöpfung erfreuen. Insofern sollte die Sinnenfreude nicht in erster Linie als Sünde, sondern als Geschenk betrachtet werden. Sünde entsteht bloß dort, wo ich nicht Herr meines Begehrens bin. Statt die Sehnsüchte abzutöten, geht es darum, sie zu meistern. Und in der Tat war gerade Jesus selbst ein solch sinnenfroher Meister. Nicht umsonst berichten die Evangelisten mehrfach von Festmählern, bei denen Jesus gefeiert und Wein getrunken hat.

Noch etwas anderes muss hier bedacht werden. Sobald ich meine Bedürfnisse unterdrücke, schüre ich meine innere Unzufriedenheit. Wenn ich mich aber nicht zufrieden fühle, verliere ich zwangsläufig meine Verbindung zum Heiligen Geist. Es ist also so, dass ich mich durch Selbstkasteiung von Gott entferne, statt mich ihm zu nähern. Aus diesem Grund erfuhren jene Heiligen, die es mit der Askese übertrieben haben, dumpfe Gefühle qualvoller Gottferne.

Als Christ achte und wertschätze ich meinen Körper. Natürlich gehört dazu ein gepflegtes Äußeres. Ich wasche mich und achte auf einen anständigen Haarschnitt. Ich trage saubere und ordentliche Kleidung. Das alles tue ich nie aus Eitelkeit. Vielmehr spiegelt sich darin meine innere Haltung der Selbstachtung wider.

Auf die Sinnhaftigkeit der äußeren Reinheit hat Jesus ausdrücklich hingewiesen, wenn er uns ermahnt, sogar während des Fastens auf ein gepflegtes Erscheinungsbild zu achten (Mt 6,17). Dementsprechend zeigt das Turiner Grabtuch, dessen Abbild viele Gläubige als die wahre Ikone Jesu verehren, statt eines hageren, ausgezehrten Asketen einen wohlgenährten, kräftig gebauten Mann, der anstrengende Arbeit gewohnt war.

Ganz entscheidend für die Erholung ist vor allem ein guter Schlaf. Dem muss ich unbedingt Rechnung tragen. Ich gehe abends beizeiten zu Bett. Nie mache ich die Nacht zum Tag. Weil ich lange genug schlafe, kann ich morgens früh aufstehen. Auf diese Weise fällt es mir leicht, meine Tage recht zu nutzen.

Früher wurde der Schlaf gerade in Klöstern jede Nacht mehrmals durch Gebetszeiten unterbrochen. Die Mönche misstrauten dem Schlaf, nicht zuletzt wohl deshalb, weil in dieser Zeit der Verstand ausgeschaltet ist und in den Träumen alles Unbewusste, das tagsüber gern unterdrückt wird, ungehindert hochkommt. Überdies dachte man, es sei ein Zeichen von Faulheit, zu lange zu schlafen. Und grundsätzlich fürchtete man die nächtliche Finsternis, mit der man die gefährlichen Kräfte des Teufels und der Dämonen in Verbindung brachte. Vor diesen Anfechtungen des Bösen wollte man sich durch Gebetswachen schützen.

Heute weiß man, wie unverzichtbar gesunder Schlaf ist, gerade weil beim Träumen alles Unterbewusste zur Geltung kommt und so heilsam verwandelt wird. Genauso bekannt ist, dass ein unruhiger Schlaf oder beständige Schlaflosigkeit Ausdruck für unheilvolle Belastungen der Seele sind. Außerdem raubt mir Schlafmangel meine Körperkraft. Deshalb erfordern es meine psychische und physische Gesundheit, dass ich auf ausreichend Nachtruhe achte. Nur ausnahmsweise darf ich den Schlaf zum Beten unterbrechen. Religiöse Nachtwachen sollten folglich auf wenige Kirchenfeste im Jahreslauf beschränkt bleiben.

Zur Erholung gehören ferner das Essen und Trinken. Wenn ich mich gesund und ausgewogen ernähren will, dann braucht dies Zeit. Es dauert, wenn ich Speisen frisch zubereite. Und ich soll nicht hastig nebenbei essen und trinken. Es geht darum, meine Mahlzeiten zu genießen. Ich pflege daher eine gute Tischkultur. In Ruhe decke ich den Tisch mit einem sauberen Tischtuch. Das Geschirr und das Besteck lege ich mit Sorgfalt zurecht. Je nach Jahreszeit stelle ich ein paar passende Blumen oder Zweige in eine Vase. Ich entzünde eine Wachskerze. Die Tischgebete spreche ich still oder in Gemeinschaft laut. Ich esse und trinke dann allerdings auf jeden Fall schweigend. Ich kaue bewusst. Den Geschmack der Speisen und den Wohlgenuss der Getränke genieße ich, vermeide dabei aber jegliche Art von Übermaß.

Um gesund zu bleiben, muss ich mich zudem sportlich betätigen. So ist es sinnvoll, mehrmals wöchentlich am besten morgens nach dem Aufstehen Leibesübungen zu praktizieren, wodurch es mir gelingt, meinen Körper bis ins hohe Alter hinein beweglich zu halten.

Zusätzlich praktiziere ich regelmäßig ein Ausdauertraining, um meinen Kreislauf zu stärken. Keinesfalls ist dieses Mindestmaß an sportlicher Betätigung zu vernachlässigen. Sicherlich kann ich mich darüber hinaus dem ausgiebigen Training einer bestimmten Sportart widmen, an der ich meine Freude habe. Alles jedoch mit Maß und Ziel. Die körperliche Bewegung soll für mich Routine sein, darf mir gleichwohl nicht zur Sucht werden.

Neuntes Kapitel

DER GAST

Als Eremit lebe ich zwar etwas entfernt von den nächsten Siedlungen. Gleichwohl bedeutet dies nicht, dass ich in meiner Klause keine Besucher empfangen darf. Selbst wenn der Weg zu mir weit und beschwerlich ist, so ist meine Eremitage kein verbotener, abgeschlossener Ort. Und obgleich ich mich dazu entschieden habe, allein zu leben, bleibe ich offen für die Begegnung mit all denjenigen, die zu mir kommen wollen.

Manche Menschen mag vor allem die Neugier zu mir führen. In diesem Fall kann eine gelungene Begegnung zwischen mir und meinen Besuchern schwierig sein. Andere aber sind auf der Suche. Vielleicht hofft jemand, bei mir Rat zu finden, weil ihn die Last eines schweren Schicksals drückt und er nicht weiterweiß. Eben weil es mir ein Bedürfnis ist, meinen Nächsten freundlich zu begegnen, werde ich immer dann, wenn es mir möglich ist, mit meiner Erfahrung und meiner Weisheit gerne dazu beitragen, meinem geplagten Gast seine Last ein wenig leichter zu machen – und sei es nur für die kurze Dauer seines Aufenthalts bei mir.

Egal aus welchem Grund jemand zu mir kommen mag, ich werde jeden einzelnen höflich und respektvoll begrüßen. Nicht umsonst war und ist die Gastfreundschaft unter uns Menschen seit alters her heilig. Damit verbunden sind jedoch bestimmte Rechte und Pflichten, die sowohl für den Gastgeber als auch für den Gast gelten. Hinzu kommt, dass ich selbst zwar wissen sollte, wie ich einen Besucher zu begrüßen habe, diesem unter Umständen allerdings nicht bewusst ist, welches Verhalten von ihm erwartet wird. Dieser Umstand ist ebenfalls zu bedenken.

Obwohl ich nie von mir aus danach strebe, ständig irgendwelche Leute zu treffen, da ich ja das Alleinsein suche, geht es mir doch dort, wo dies möglich ist, um die echte Begegnung. Diese ist ein kostbares, weil seltenes Gut. Sie gründet sich nämlich auf einen offenen und ehrlichen Gedankenaustausch, für den ich selbst – ebenso wie mein Gegenüber – innerlich bereit sein muss. Kommt ein aufrichtiges Gespräch zu Stande, so ist dies jedes Mal ein Geschenk. Es kann nicht erzwungen werden.

Sicherlich bleibt es mein gutes Recht, einen Besucher freundlich, aber bestimmt abzuweisen, wenn ich dafür Gründe habe. Geschwätzigen Menschen, die aus reiner Neugier zu mir kommen und mir unnötig die Zeit stehlen, brauche ich meine Aufmerksamkeit nicht zuteilwerden lassen. Es wäre verlorene Liebesmüh. Trotzdem werde ich ihnen wenigstens einen lieben Gruß und ein paar nette Worte schenken.

Zunächst einmal gilt, dass es mir durchaus nicht verboten ist, mit einem Besucher zu sprechen. Natürlich liebe ich die Stille. Dennoch darf ich diese unterbrechen, um ein Gespräch zu führen. Wenn ich schweige, dann ist dies eben kein Selbstzweck, sondern dient dazu, die Gedanken zu beruhigen und mich für Gott und eben auch für meine Mitmenschen zu öffnen. Gerade weil ich mich als Christ in Gottes- und Nächstenliebe übe, sehne ich mich von ganzem Herzen nach ehrlichen Begegnungen.

Damit zwei Gesprächspartner sich begegnen können, müssen beide einander zuhören. Nur so kommt es zu einem Austausch von Gedanken.

Gewöhnlich scheitern Gespräche oft, weil jeder mit seinen Sorgen beschäftigt ist. Der Kummer, macht die Ohren taub. Man schenkt sich wechselseitig zu wenig Gehör. Der Angesprochene hört nicht auf den Rat des Sprechers. Es wird lediglich geschwätzt. Man redet um des Redens Willen.

Als Klausner möchte ich für meine Besucher ein offenes Ohr haben. Ich lausche darauf, was meinem Gast fehlt. Ich achte genau auf das, was mir mein Gesprächspartner sagen möchte. Dieses Horchen ist die Voraussetzung dafür, dass ich achtsam zu sprechen vermag. Ich schwätze nicht. Stattdessen beschränke ich mich auf wenige, notwendige Worte. Und ich bin bei meiner Wortwahl bedacht.

Damit diese Begegnung im Geiste stattfinden kann, muss sich mein Gast anpassen. Er sollte sich innerlich öffnen, weshalb es sicher sinnvoll ist, ihn zu einer kurzen Zeit der Gebetsstille einzuladen. Einem ungeübten Menschen gebe ich für das Schweigen natürlich ein paar einfache Anweisungen. Wir können zu Beginn ein Gebet sprechen und eine Weile achtsames Atmen üben. Lässt sich mein Gast auf diese Einladung ein, so wird sich anschließend der rechte Gedankenaustausch schon einstellen. Sollte mein Gesprächspartner allerdings zu plappern anfangen, beende ich das Gespräch.

Überhaupt haben die Besucher meiner Klause gewisse Regeln zu beachten. Die Eremitage dient der stillen Einkehr. Ungeachtet dessen, dass ich meine wahre Einsiedelei im Herzen trage, sollen sich meine Gäste bei mir so verhalten, wie es angemessen ist. Keinesfalls darf die friedliche Umgebung meines Wohnortes gestört werden.

Besucht mich ein Freund für eine Weile, so binde ich ihn in die Tagesabläufe ein. Ebenso wie ich hält er sich an das Schweigegebot. Zwischendurch führen wir Gespräche, die uns beide bereichern. Nichts Unwichtiges wird gesagt. Wir beten, arbeiten, essen und trinken gemeinsam. Somit entsteht zwischen mir und meinem Gast für die Dauer seines Aufenthalts auf praktische Art und Weise eine echte Gemeinschaft, die uns beide erfüllt.

Zehntes Kapitel

DER SCHÜLER

Was unserer menschlichen Gesellschaft mehr als alles andere fehlt, ist eine Kultur der wahrhaftig gelebten Spiritualität. Wenn ich achtsam lebe und mich hierdurch zufrieden fühle, dann ist das sicherlich für mich selbst heilsam. Aber das allein genügt eben nicht. Es wäre mir zu wenig, eben weil mir das Wohl und Wehe meiner Zeitgenossen am Herzen liegt. Nach nichts sehne ich mich mehr, als meinen inneren Frieden auf die Welt, meine Nächsten und alle Lebewesen ausstrahlen zu lassen. Deshalb ist es gut, wenn ich meine wertvollen Erfahrungen einem Schüler vermittle, wodurch diese dauerhaft erhalten bleiben und so eine lebendige Tradition echter Spiritualität entsteht.

Es ist aus einem weiteren Grund sinnvoll, einen Lehrling bei mir aufzunehmen. Sobald ich einem Menschen den rechten Weg zu weisen versuche, vertiefe ich gleichzeitig meine eigenen Erkenntnisse. Ich vermag nur zu lehren, was ich zuvor selbst begriffen habe. Dementsprechend ist es in der Tat vor allem der Lehrer, der bei seinem Unterricht am meisten hinzugewinnt. Um also zu noch tieferen Einsichten zu gelangen, ist es für mich ungemein förderlich, einen Nachfolger anzulernen.

Natürlich sollte ich schon eine gewisse Zeit als Eremit gelebt haben, bevor ich mich daran mache, jemand anderen auszubilden. Erst muss ich reif dafür sein. Wann das so weit ist, erkenne ich selbst am besten. Das Lehramt ist eine verantwortungsvolle Aufgabe. Ich darf nichts übereilen. Nur wenn ich geübt darin bin, Tag für Tag meinen spirituellen Weg zu gehen, kann ich daran denken, meine Erfahrungen weiterzugeben.

Außerdem sollte sich mir für diesen Schritt die passende Gelegenheit bieten. Als Mensch, der spirituell leben möchte, bin ich es gewohnt, alles auf mich zukommen zu lassen. Es ist bei der Achtsamkeitspraxis äußerst wichtig, den Dingen Zeit zum Reifen zu geben. Mein inneres Streben, das allein dem Eigensinn entspringt, gebe ich langsam auf. Daher werde ich nicht von mir aus nach einem Schüler suchen. Vielmehr werde ich erst dann, wenn es sich zufällig ergibt, einen solchen bei mir aufnehmen.

Bittet mich jemand darum, ihn zu unterweisen, so prüfe ich ihn genau. Ich räume ihm eine Probezeit ein. Im Laufe einiger Tage, Wochen oder Monate erkenne ich, ob der Anwärter geeignet ist. Bewährt er sich nicht, so schicke ich ihn weg. Andernfalls lehre ich ihn alles, was ich gelernt habe, bis er selbst erfahren genug ist, um seinen Weg allein fortzusetzen.

Natürlich wird die Ausbildung in erster Linie praktischer Natur sein. Ich binde meinen Lehrling in meine alltäglichen Gewohnheiten ein und bringe ihm dadurch all das Handwerkszeug bei, das er für das Leben als Einsiedler braucht. Wir beten, arbeiten, essen und trinken gemeinsam. Vor allem üben wir beide uns im Schweigen. Im Alltag, der ja einzig und allein von Gebet, Arbeit und Erholung geprägt ist, sprechen wir lediglich das Allernotwendigste. Ich gebe Anweisungen. Der Anfänger befolgt diese.

Ausgenommen davon sind die Gespräche, bei denen ich meinen Schüler in die Geheimnisse des spirituellen Weges einführe, so wie ich sie erkannt habe. Für sein Studium wähle ich zudem

geeignete Literatur aus, die wir gemeinsam erör-
tern und vertiefen. Diese theoretischen Beleh-
rungen sind wichtig. Allerdings ist Folgendes zu
bedenken. Spirituelle Einsichten lernt man nicht
auswendig. Ganz im Gegenteil: Ein tieferes Ver-
ständnis gründet sich stets auf entsprechende
Erfahrungen, zu denen ich meinen Nachfolger
langsam hinführen muss.

Deswegen ist es absolut unverzichtbar, dass
ein unerfahrener Lehrling einen klugen Meister
an seiner Seite hat, der ihm die rechte Richtung
weist, sodass er nicht in die Irre geht. Die Praxis
der Meditation und Achtsamkeit ist nämlich
äußerst wirkmächtig. Sie führt keineswegs bloß
dazu, dass ich aus meiner Gedankenwelt aufwa-
che. Dieses Erwachen löst auch psychische Vor-
gänge aus, die das Denken und Tun nachhaltig
verändern. Indem ich meditiere, stelle ich mich
den Dunkelheiten meiner Seele, wodurch ich
innerlich verwandelt werde. Obwohl diese Ver-
änderungen gut sind, führt dies mitunter zu gefühlsmäßigen Ausnahmezuständen, die niemand
unbegleitet durchstehen sollte.

Meine wesentlichste Aufgabe als Lehrmeister ist es deshalb, meinem Schützling hilfreich zur Seite zu stehen. Ich vermittle ihm ein Gefühl der Sicherheit und trage dafür Sorge, dass er auf seinem spirituellen Weg keinerlei Schaden nimmt. Aus diesem Grund muss zwischen uns ein tiefes Vertrauensverhältnis bestehen. Folglich nehme ich nur einen Menschen als Lehrling an, mit dem dieses gegenseitige Vertrauen möglich ist. Vor allem aber darf ich meine Stellung in dieser Beziehung niemals ausnutzen.

Grundsätzlich sind Lehrer und Schüler nämlich auf sehr besondere Art und Weise miteinander verbunden. Wie alle zwischenmenschlichen Beziehungen wird ihre Verbindung im Lauf der Zeit mehr und mehr vertieft. Ganz ähnlich einer Freundschaft lernen sich beide immer besser kennen. Und wahrscheinlich werden sie sogar irgendwann Freunde. Dennoch muss ihr pädagogisches Verhältnis zueinander zu guter Letzt aufgelöst werden. Der Meister entlässt den Lehrling. Der Lehrer schickt seinen Schüler in die Welt hinaus.

SCHLUSSGEDANKEN

Nicht jeder vermag an einen entlegenen Ort zu gehen, um dort sich selbst zu genügen. Aber das ist auch keineswegs notwendig, um glücklich zu werden. Das heilsame Dasein eines Einsiedlers unterliegt nämlich gewissen allgemeingültigen Regeln, in die ich mich sogar dann einüben kann, wenn ich einem Beruf nachgehe und in meine Familie eingebunden bin. Um ein spiritueller Mensch zu werden, brauche ich mich keineswegs von allem zurückziehen. Ich darf in meinem normalen Alltag leben bleiben.

Letztlich geht es darum, mein wahres Selbst und meine eigentliche Bestimmung zu finden. Als Klausner habe ich für mich einen guten Weg gewählt. Nicht nur ich persönlich werde beim Gehen heil, sondern ebenso meine Beziehungen zu meinen Nächsten, zur Natur und zum göttlichen Geist. Außerdem offenbaren sich mir nach und nach alle Geheimnisse des Lebens.

Da ich meine spirituellen Übungen überall praktizieren kann, trage ich meine Eremitage in mir selbst. Genauer gesagt, mein tatsächlicher Rückzugsort ist die innere Ruhekammer meines

Herzens. Hier bleiben das laute Lärmen der Leute und die hektische Unrast der Welt ausgeschlossen. In meinem Innersten werde ich still und fühle mich als gläubiger Mensch mit Gott verbunden.

NACHWORT

Die vorliegende Schrift war mir schon lange eine Herzensangelegenheit. Vor einigen Jahren hatte mich der Titel eines buddhistischen Buches – „Die Klausur auf dem Berge" – zu meinem Buchtitel inspiriert. Jahrelang blieb es jedoch bei dem Titel. Genauere Vorstellungen zum Inhalt meines Buches hatte ich nicht.

In den Pfingstferien 2023 war ich dann für etwa eine Woche zum Wandern in Saalfelden am Steinernen Meer in Österreich. Dort gibt es drei – wie ich finde – sehr schöne spirituelle Plätze. Der eine ist die bekannte Einsiedelei am Palfen, in der seit mehreren Jahrhunderten Eremiten leben. Der andere ist die Wallfahrtskirche von Maria Alm. Und dort wiederum gibt es am Ortsrand die modern gestaltete Friedenskapelle, die einsam und versteckt an einem bewaldeten Berghang liegt.

Der Besuch dieser drei Orte hat mich innerlich bewegt. Ich hatte zu diesem Zeitpunkt eine mehrmonatige Phase, in der ich gedanklich blockiert war und nicht schreiben konnte. Gerade der Aufenthalt in der Friedenskapelle hat mit dazu beigetragen, diese Blockade zu lösen, und mich dazu angeregt, nun endlich die „Einsiedelei des Herzens" zu schreiben.

Nach der Besichtigung der Kapelle sind in den verbleibenden Urlaubstagen die Ideen zu diesem Buch regelrecht aus mir herausgesprudelt. Und in den folgenden Wochen und Monaten hat es mir viel Freude gemacht, meine Gedanken auszuarbeiten und niederzuschreiben.

Georg Bauer

Anhang

Schon immer hatte ich mich gefragt, was man denn bei der Heiligen Messe nach der Kommunion beten soll. Irgendwie fehlten mir dafür die rechten Worte. Gleichzeitig hatte ich das Gefühl, dass ich hier ein gutes Gebet bräuchte. Anlässlich der Erstkommunion meines ältesten Neffen Korbinian machte ich mich daran, für ihn ein Kommuniongebet als Geschenk zu verfassen. Dieses Gebet entstand am 19. April 2023. Auch ich bete es seither nach dem Empfang der Heiligen Kommunion.

Jesus Christus,
mein Freund und Bruder,
Du hast mich an Deinen Tisch geladen;
in Brot und Wein bist Du jetzt bei mir.
(im heiligen Brot bist Du jetzt bei mir.)
Bleibe stets in meinem Herzen,
damit Dein helles Licht
durch mein Leben
in die Welt strahlt.

GEORG BAUER

Der Name Georg Bauer ist mein Pseudonym als Autor. Dennoch möchte ich Dich, liebe Leserin, lieber Leser, nicht gänzlich im Unklaren über meine Person lassen.

Geboren wurde ich 1973 in Regensburg. Aufgewachsen bin ich in der südlichen Oberpfalz. Nach meinem Studium an der Universität Regensburg arbeite ich heute als Lehrer in Mittelfranken.

In meinen Büchern schreibe ich teilweise sehr persönlich über meine Erfahrungen. Dabei ist es mir wichtig, ganz bewusst auch tiefe Einblicke in meine Gedankenwelt zu gewähren. Diese große Nähe verträgt sich jedoch schlecht mit meiner Stellung als Lehrer. Aus diesem Grund möchte ich als Autor bis auf Weiteres erst einmal anonym bleiben.

Wenn Du mehr über mich, mein Denken und weitere geplante Veröffentlichungen erfahren möchtest, empfehle ich Dir, meine Informationsseite im Internet zu besuchen.

www.georgbauer.info

Georg Bauer

MIT DEM HERZEN BETEN

Einführung in das meditative Gebet

tredition

Georg Bauer

MIT DEM HERZEN BETEN

Einführung in das meditative Gebet

Als kleiner Junge habe ich meine Gebete immer gern gesprochen. Besonders wichtig war mir dabei das Ritual des Zubettgehens am Abend. Ich bekreuzigte mich mit Weihwasser. Dann sprach ich mein Nachtgebet. So hatten es mir meine Mutter und meine Großeltern mütterlicherseits beigebracht.

In meiner frühen Kindheit war ich stets wohlbehütet. Die inneren Ängste, die ich schon damals hatte, konnten zu dieser Zeit ihre unheilvolle Macht über meinen Geist noch nicht entfalten, eben weil ich mich bei meiner Mutter und meinen Großeltern sicher und geborgen fühlen durfte.

Später, als ich dann zur Schule gehen musste, waren meine Mutter und meine Großeltern nicht mehr da, um mich im Alltag zu beschützen. Ich war meinen Ängsten hilflos ausgeliefert. In der Folge entwickelte ich ungesunde Verhaltensweisen. Ich verdrängte meine Angstgefühle durch selbstbezogene Tagträumereien, aus denen sich schließlich starke Zwänge und tiefe Depressionen entwickelten.

Dementsprechend hatte ich für viele Jahre meines Lebens keinen Zugang mehr zu meiner Gefühlswelt. Mein ichbezogenes Denken hatte meinen Geist vollkommen von meinem Herzen abgeschnitten. Und weil ich keine Verbindung mehr zu meinen Gefühlen besaß, verlor ich eben meine Freude am Beten.

Erst heute, da ich meine Ängste, Zwänge und Depressionen mittlerweile durch die Kraft des achtsamen Atmens überwinden konnte, lebe ich wieder aus meiner inneren Mitte heraus. Die selbstbezogene Gedankenwelt hat keine Macht mehr über meinen Geist. Da jetzt aber mein Geist erneut mit meinem Herzen verbunden ist, habe ich am Ende meine kindliche Freude am Beten wiedergefunden.

Zeitfracht Medien GmbH
Ferdinand-Jühlke-Straße 7
99095 Erfurt, Deutschland
produktsicherheit@kolibri360.de